Le Paradis
des Gueules Cassées

PAR

GEORGES GELLY

ANGULUS RIDET
(Horace)

Editions d'Art
DE LA
SOCIÉTÉ RÉGIONALE d'IMPRIMERIE et de PUBLICITÉ
Imprimeries Maurice Dormann et Cerf réunies
16, Rue Saint-Mars, ÉTAMPES (S.-et-O.)
1926

Le Paradis des Gueules Cassées

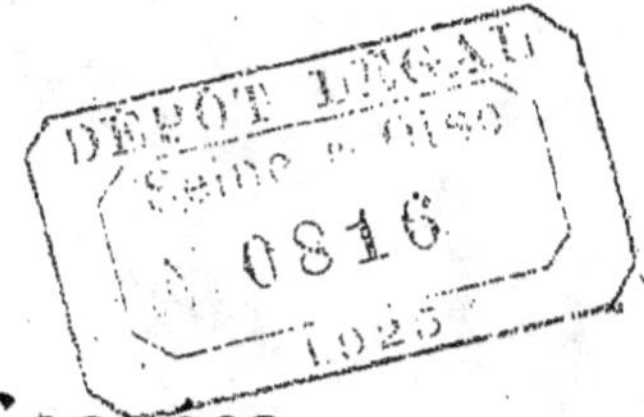

A un âge fort lointain, en Goële, ce beau jardin de France, le sol a ondoyé pour rompre la monotonie terrestre et créer, par une belle harmonie, le plus admirable lieu champêtre.

Le sol a-t-il compris qu'il devait un jour réchauffer l'âme et réjouir la vue, ou le Créateur lui a-t-il réservé quelque rôle idéal dans l'histoire des Hommes ?

Hélas les éléments nous manquent pour disserter sur de semblables faits et pouvoir concilier le conflit qui brutalise sans cesse et la métaphysique et l'état des choses.

Disons qu'une main heureuse, une main divine peut-être, truelle d'artisan ou spatule de modeleur, pinceau de maître ou ciseau de sculpteur, disons qu'une main artiste, puissante et douce, a réalisé ce que le talent a pu de mieux concevoir.

En ondoyant la plaine a agité sa masse, l'a roulée, puis figée en un plus bel émail qui s'appelle MOUSSY.

Aux confins de Champagne, surgit ce bijou printanier, cet éden enchanteur inviolé par les hordes, épargné par les crimes, souvenir des heures sombres où il se révéla la barrière suprême aux plus violents outrages, aux plus monstrueux assauts, quand les flots rouges de la Marne refluèrent devant la hurle assaillante des Huns pour reprendre leur physionomie de flots libérateurs.

Véritable mer de verdure, parcourue par les lièvres et les lapins agiles, agrémentée d'îlots touffus que peuple une gent ailée au gai babil, entourée d'azur et baignée du plus vivifiant éther, telle est cette merveille captivante.

Une tache seyante ressort sur ce magnifique tapis, un point plus bleu, fait de plus d'ombre et qu'un couteau expert se plairait à fixer sur une toile de maître ; ce bouquet est bigarré des coquets contrastes que dessinent un chatoyant château et d'idylliques dépendances ; c'est un domaine plaisant, rehaussé de mille charmes, ensemble de prairies, de boqueteaux tentants, de pimpantes demeures où l'époque Henri IV voisine avec l'émanation même du plus pur romantisme ?

Il manque à ce lieu saint un poète musard, un barde évocateur qui nous ferait revivre, comme aux temps de la geste, des chansons du terroir auxquelles vont s'ajouter de mâles couplets épiques, car c'est dans ce joyeux site qu'aspirent à reposer nos plus purs héros : " *Les Gueules-Cassées* ".

Ces *Hommes* à visages où se marient la souffrance, la grandeur et l'héroïsme, ces *Hommes*, chez qui la chair humaine semble avoir pris caractère de haine et dont il ne s'exhale que bonté, ces *Etres Supérieurs* qui, pétris de surhumain, ne peuvent refléter que misère, ces *Héros homériques* ont choisi ce cadre de georgique, à deux pas de Penchard, de Chambry, de Varreddes, de Barcy, d'Etrépilly, de Trocy, aux noms si mémorables.

C'est là, sur ce plateau qui borde la vallée de la Biberonne, dans l'ancien château des LAMAZE, touchant le clocher d'une belle église rustique, c'est là que veulent vivre les *Mutilés Honteux*, au milieu d'une population sympathique.

Ils ne sollicitent plus qu'une joie terrestre, celle de vivre presque en oblats, combattant la douleur par cet antidote puissant que constitue le travail rationnel, dérivatif sain, sans égal au monde.

Quand on commente ces faits on est tenté de revivre cette époque de la République où Rome florissait par l'austérité de ses mœurs et de sa simplicité et l'on se sent invinciblement poussé à exalter ces courageux émules de Cincinnatus.

Le Château est moderne, solidement bâti dans un style qui sait flatter le regard, ses entrailles sont disposées pour loger une cinquantaine de Grands Invalides, leur conservant les plaisirs de la vie isolée tout en leur procurant ces joies ardemment désirées de la vie en commun.

Cet état possède donc en lui-même le précieux privilège de combler tous leurs vœux puisque sept années d'expérience d'après guerre, et quatre de guerre nous avaient permis de constater de tous temps que, pour les " *Mutilés Honteux* ", la promiscuité du public engendrait une certaine aversion, qui condamnait ces pauvres malheureux à vivre la plus innommable réclusion, fait qui allait toujours de pair avec une accélération constante de la déchéance du Blessé.

Par contre, nous avions toujours noté tout l'heureux profit tiré par ce même Mutilé dans son propre élément et c'est ce qui nous incita à poser comme conclusion de notre analyse sociologique que le " *Grand Mutilé Honteux* " devait être soumis à une thérapeutique Sociale Spéciale, la panacée résidant dans leur vie collective, au sein de leur fraternité de malheur.

Nous avions même eu la joie d'apprécier, par moments, les effets déneurasthénisants de cette méthode, que nos moyens ne nous avaient pas permis de mettre à la portée de tous, l'*Heureux Mécène ne s'étant jamais dévoilé*, malgré toutes nos laborieuses recherches.

Aussi, comprendra-t-on, que semblable demeure devient, plus que jamais, idéale et c'est pourquoi son édification exauce les modestes vœux des " *Gueules Cassées* ".

Qui ne voudra plus comprendre à présent le courant de félicité qui tend à récompenser les Grands Mutilés de la Face au terme de leur détresse.

Ces **Morts Vivants** ne sont-ils pas maintenant arrachés à leur source d'affliction ?

NON ! pas encore ! car le **Domaine des Gueules Cassées** n'est pas encore complètement payé, il reste hypothéqué sur l'honneur, le généreux bâilleur de fonds de ces Mutilés ayant refusé tout papier, la parole des Gueules Cassées possédant pour lui plus de valeur que n'importe quel acte signé.

De plus ce n'est pas tout, puisqu'il faut se rendre à l'évidence et songer qu'une fois une propriété mobilière acquise, pour semblable usage, il faut en organiser la mise en fonction.

Or *qui peut ignorer que la* " **Fondation d'un Lit** ", *dans une maison de retraite*, **nécessite un capital viager**.

Les *Gueules Cassées* étant loin d'être caduques, le sort les ayant frappées en pleine exubérance de vie, *il faut envisager que leur entretien nécessitera, au taux actuel de l'existence, une réserve de* **cinquante mille francs**, *par membre définitivement hospitalisé*.

On se demande alors à juste titre à combien peut s'élever le nombre de *Grands Défigurés* justifiables de cette admission.

Il est aisé d'y répondre puisque *nos statistiques nous font prévoir l'admission d'une cinquantaine de ces* **Exclus Sociaux**, chiffre qu'il sera possible d'atteindre en raison de la place qu'offrent le château par lui-même et toutes ses dépendances que nous avons omis de détailler précédemment, ayant lâché un instant, ceci bien à regret, le cadre idyllique pour la réalisation pratique, qui s'unissent étroitement.

Reprenant le pinceau, nous nous efforcerons de mettre en valeur le *Domaine de Moussy-le-Vieux*, aux yeux des admirateurs et à ceux des *Défenseurs des Mutilés Cachés*.

La tâche est assez importante, car le *Domaine* est grand, ne mesurant pas moins de 43 hectares.

Le visiteur est charmé d'y accéder par une belle allée, toute

L'Éden des Gueules Cassées

L'Église

Moussy-le-Vieux

Le Château des Gueules Cassées

L'Entrée

La Façade

couverte du puissant feuillage fourni par de vieux arbres ; pro-
tégé contre les regards perçants de Phœbus, on se sent de suite
imprégné d'un souffle de quiétude.

Humant à pleins poumons les senteurs du bocage, agréable-
ment éthéré sous ce nid d'ombrage, on arrive en flânant devant une
grille majestueuse, derrière laquelle se dresse un harmonieux
massif entouré des demeures : à gauche, le *Château,* à droite le
Home pimpant du Directeur, la *ferme* et les *communs.*

On se croirait dans un décor de féerie et l'on serait tenté de
revivre cette littérature de Perrault qui enchanta notre enfance
en nous procurant de si jolis rêves.

Contournant le massif tout en fleurs, traversant la cour d'honneur, montant les marches d'un gracieux perron on pénètre céans
dans un large vestibule prolongé sur ses ailes par un long corridor
et au centre duquel s'élève un escalier monumental.

Jetant les yeux ici, jetant les yeux par là, on ne fait qu'admi-
rer, chaque chose réjouissant le spectateur.

Voilà de jolies étagères gothiques, élancées, semblant donner
réplique à de gracieuses baies qui tamisent le jour qu'elles répan-
dent avec art sur les lambris pourpres.

Devant vous, une porte vous convie à rentrer dans une salle à
manger domaniale que l'on examine avec respect, une autre issue
vous happant pour vous montrer un amour de salon, tapissé de
magnifiques tentures, d'où l'on se retire dans un spacieux fumoir
où semble vous inviter un billard très séduisant et des tables de
jeux, seuls meubles offerts à ce jour aux pauvres *Gueules Cassées.*

Reprenant ce chemin, on visite encore une vaste chambre,
malheureusement toute vide, une autre dans le même goût, puis
enfin des cuisines qui ne déparent rien.

Grimpant le petit escalier de tourelle, on parvient au premier
étage sur un hall profond où donnent accès une série de chambres
dont une seule est actuellement garnie, la **pauvreté des Mutilés**
*ne leur permettant pas encore de posséder le mobilier utile pas plus
que la literie ni le matériel ménager, qui leur sont nécessaires.*

Des deux côtés, l'horizon s'étale à perte de vue, se bornant
au profil de Dammartin et aux croupes du terrain qui servirent
de point de départ à l'offensive victorieuse de la Marne.

L'étage supérieur possède la même disposition de chambres,
et jouit en plus d'une perspective plus considérable.

Quittant à regret le château, revenant sur ses pas par la cour
d'honneur, on est frappé du vis-à-vis et l'on remarque d'abord un
élégant pavillon à balcon où l'attention se fixe particulièrement sur
des fers forgés dont la beauté, rehaussée par l'authenticité d'épo-

que, en font des pièces de valeur, un bouquet d'arbres mettant plus en relief ce médaillon artistique.

Franchie la grille de la cour d'honneur, on se trouve dans les *Communs*, encerclés à droite par une *Ferme Renaissance* et une suite de bâtiments de même âge.

Vaste, bien distribuée, cette ferme mérite d'être mise en valeur par des mains expertes, et il est possible, qu'avec de l'outillage très moderne, épargnant les fatigues à ces *Invalides* qui ont perdu tout pouvoir de résistance au labeur, on obtienne un rendement relatif de cette exploitation.

C'est ainsi que les *Gueules Cassées* pourront avoir quelques génisses, qu'avec des barattes électriques elles pourront fabriquer quelques livres de beurre, qu'il leur sera aisé de créer une petite basse-cour, qu'ils auront la facilité d'élever quelques espèces porcines, ce qui leur servira et leur permettra peut-être un menu profit de vente.

Mais pour cela il leur faut moderniser l'installation actuelle, Il est nécessaire d'électrifier, il devient indispensable de collecter les eaux, de les distribuer, en un mot d'établir des aménagements spéciaux qui ne pourront pas être immédiats parce que fort onéreux.

En un mot, il faudrait faire des transformations assez importantes, telles que cette petite révolution dans le domaine agricole ; il faudrait également préserver les *Gueules Cassées*, qui, plus que tous autres, sont susceptibles des bronches, et il y aurait lieu de les doter du chauffage central ; il deviendra également impérieux d'éviter à ces Invalides, sujets aux indispositions graves, de tomber dans un puits en allant faire provision d'eau, ce qui obligera encore le *Directeur de la Maison* à des modifications domestiques assez délicates.

Mais ces points ne doivent pas anéantir d'un seul coup la séduction du lieu, loin de là, car ces détails d'organisation, qui, pour des habitants valides, n'auraient eu que l'ampleur de la rusticité sans plus deviennent, par l'insuffisance de moyens neufs, une menace pour la santé des grands invalides.

Cependant, les *Gueules Cassées* ne désespèrent pas de remédier à ces inconvénients, car *il n'est pas douteux que des* **Gens de cœur** *ne viennent leur offrir gratuitement et généreusement leurs concours, tandis que les incompétents les aideront pécuniairement.*

C'est ainsi qu'il sera possible que des **Architectes** *mettent à leur disposition des plans judicieux, des* **Ingénieurs** *et de* **riches Entrepreneurs** *veuillent en assurer la réalisation, que des* **Industriels** *tiennent à leur donner de l'outillage utile, que des* **Syndicats agricoles** *désirent monter aimablement leur petit cheptel dont ils*

Le Foyer des Gueules Cassées

Le Pavillon du Directeur

La Cuisine

La Maison des Gueules Cassées

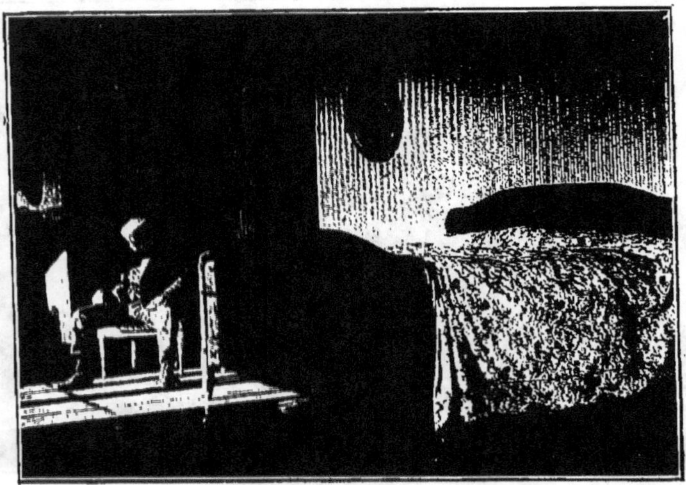

Une Chambre

Le Fumoir

Le Domaine des Gueules Cassées

Les Communs

Le Verger

La Ferme des Gueules Cassées

La Cour

L'Extérieur

auront le plus grand soin, que des **Hygiénistes** *ne leur refusent pas de leur procurer un peu de confort, que les* **Grands Magasins** *s'imposent de leur meubler chacun un petit coin, que des* **Filatures** *leur adressent du linge, que des* **Artistes** *décorent leur home, que des* **Ecrivains** *garnissent leur bibliothèque, nous limitant à la citation de ces quelques pensées, qui, portées à la connaissance de leurs* **futurs Bienfaiteurs**, *ne feront que provoquer des gestes dont les* Gueules Cassées *leur seront de tout temps infiniment reconnaissantes.*

Mais ce n'est pas tout, car la propriété est immense et, sortant des Communs, on tombe dans un potager fertile de la capacité d'un hectare dont les ressources variées sont des plus prometteuses pour les nouveaux occupants de ce fief.

Malheureusement le film magique subit ici une forte coupure et, tout comme dans la zone rouge, on arrive en pleine dévastation.

En effet, le vendeur de cette terre, s'adonnant à l'exploitation forestière, avait tenu avant son départ à en couper la majeure partie des arbres.

Il en résulte donc qu'une trentaine d'hectares ont été ainsi dénudés et qu'il ne reste plus, comme lugubres vestiges, que des troncs moribonds qui s'exhument du sol.

C'est un deuil brutal dont on a du mal à se consoler, car cet état de choses nécessite le défrichement de toute cette étendue, occasionnant les frais d'entretien d'une équipe agricole jusqu'à terminaison de ce travail, la *faiblesse physique des* **Grands Mutilés de la Face** ne leur permettant pas d'exécuter une semblable tâche.

Ceci, en dehors des lourdes dépenses qui en découleront fatalement, aura la fâcheuse répercussion de priver les *Gueules Cassées* des deux tiers de leur production agricole.

Frappé par ces plages désertiques, le pélerin, en ce lieu, ne rencontre guère que des prairies, où subsistent quelques centaines de pommiers abandonnés qui réclament des soins, une longue et large route sillonnant ce parc immense.

Evoluant dans ce pentagone, on éprouve cependant la satisfaction de retrouver quelques massifs d'arbres que la main du bûcheron a respectés et parmi ceux-ci on relève particulièrement quelques espèces exotiques très rares.

On rencontre une petite pièce d'eau, puis un grand étang desséché devenu champ d'avoine et qui, pour son excavation, sa forme rectangulaire, est dénommé le " *Miroir* ".

Ajoutons à cela que le **Domaine**, en raison de la retraite sûre que son enclos lui fournit, est un formidable *repaire de gibier*, qui lui occasionne même d'importants dégâts.

Revenant au *Château*, qui, au bout de la prairie, semble minuscule, on admire, au fur et à mesure que l'on s'en approche, sa façade postérieure que l'on contourne pour quitter à regret cet éden champêtre.

Mon pélerinage accompli, marcheur infatigable, j'ai parcouru sans répit le long ruban poudreux, qui monte et qui descend tout en serpentant.

J'y ai rencontré des hommes à la figure avenante, au visage aimable, à la physionomie sympathique, de ces braves paysans qui font l'orgueil de nos campagnes.

Continuant de muser, j'ai redisséqué mes impressions, je les ai sériées et, tout songeur, je me suis enhardi à pénétrer jusqu'au cœur d'un village, au nom vite oublié, mais à la population duquel je tiens à rendre hommage pour son élévation morale et son culte des " *Héros tombés aux champs d'Honneur* ".

Au pied du *Monument aux Morts* je me suis arrêté juste au moment où des voix enfantines chantaient ces vers profonds du grand poète qui a su se faire l'interprète éloquent des foules :

> *Ceux qui pieusement sont morts pour la Patrie,*
> *Ont droit qu'à leur cercueil la foule vienne et prie.*

Quand le chant fut fini, je repris la grande route, me récitant moi-même ces vers qui rendent avec une précision sans pareille, cette élévation d'âme vers la Patrie, qui sut exiger de ses Enfants, pour sa défense, le renoncement à tout, même à la vie.

Je me suis demandé s'il était bien possible d'embrasser l'immensité du sacrifice qu'ils avaient consenti, j'ai repensé aux **Morts** et puis aux **Morts Vivants** que sont nos malheureux, les *Mutilés Cachés*..., car si l'on vénère **Ceux** dont les *restes reposent*, ne peut-on aider **Ceux** *dont le souffle est animé des plus atroces souffrances que le calvaire humain puisse réserver aux* **Vivants** ?

Qui donc pourrait en effet, devant tant d'abnégation de soimême, ne pas comprendre et qui donc voudrait refuser un geste que la conscience commande et qui satisfait l'âme ?

Il n'en existe sûrement pas, car, *partout au monde, toute personne avertie aspirera au bonheur de soulager ces misères sans nom !*

Chaque mouvement, quelle qu'en soit son importance, contribuera à créer le " **Paradis des Gueules Cassées** ", si l'enfer **des Monstres** peut s'appeler ainsi.

George GELLY,
Médaillé Militaire-Croix de Guerre.

Un coin du Domaine

Le Château
des Gueules Cassées

Les Pommiers

Les Sapins

Le Home du Directeur

Le Kiosque à Musique

Le Paradis
DES
Gueules Cassées

LECTEUR,

TOI qui en parcourant ces lignes as compris le puissant topique moral que fournit aux " Gueules cassées " semblable édification, songe que ce paradis, d'extérieur luxueux, manque encore de ses plus essentiels éléments.

Pense que si un beau billard, une belle salle à manger, dons des Châtelains du lieu, en garnissent les entrailles, il y manque par contre des choses primordiales les plus élémentaires, et plus encore la réserve indispensable aux Œuvres durables, le CAPITAL VIAGER.

REGARDE CETTE FIGURE

ILS SONT PLUS DE 5.000 ! ! !

et quand ton âme vibrante retentira au son de notre Appel, souviens-toi que tu peux te procurer l'indicible joie de bien faire en adressant ton obole au

SIÈGE de L'UNION des GRANDS MUTILÉS de la FACE

28, Boulevard de Strasbourg, à PARIS

Téléphone : NORD 72-28